Donné par l'auteur en mars 1783 a Mlle. Du Chatelet pour elle. Déposé à la bibliothèque

DE L'EDUCATION
DES SOUVERAINS
O U
DES PRINCES
DESTINÉS A L'ÊTRE.

DE L'EDUCATION DES SOUVERAINS,

OU DES PRINCES DESTINÉS A L'ÊTRE;

DISCOURS

Prononcé dans la Séance de l'Académie Royale des Sciences, Belles-Lettres & Arts de Rouen,

Du 5 Février 1783.

Par M. BOUCHER D'ARGIS, Conseiller au Châtelet de Paris, Associé-Adjoint de ladite Académie.

Quod si deficiant vires, audacia certe
Laus erit, in magnis & voluisse sat est.
PROPERT. Lib. 2. Eleg. 10.

A GENEVE;
Et se trouve à PARIS,
Chez DÉSAUGES, Libraire, rue Saint-Louis, près le Palais;

A ROUEN,
Chez la veuve BESOGNE & Fils, Imprimeur-Libraires de Monseigneur le Garde des Sceaux, rue de la grosse Horloge, près Saint-Herbland.

M. DCC. LXXXIII.

DISCOURS
SUR
L'ÉDUCATION
DES SOUVERAINS,
OU
DES PRINCES
DESTINÉS A L'ÊTRE.

Messieurs;

S'IL suffisoit d'aimer les Lettres, & de sentir le mérite des talens pour être admis dans un Corps, qui réunit autant de modeles & de maîtres en tout genre, je me bornerois

A

en ce moment à l'expreſſion de ma reconnoiſ-
ſance; & je ne ſerois point effrayé d'un avenir
dont tous les inſtans doivent juſtifier la diſtinc-
tion honorable que vous avez daigné m'accorder. Mais comment me flatter d'y parvenir !
Elevé, dès ma plus tendre jeuneſſe, au milieu
de ces études arides, plus propres à glacer
l'imagination qu'à l'enflammer; oſerai-je jamais
arrêter vos regards ſur les timides efforts de
mon zele ? Oui, Meſſieurs, encouragé par vos
bontés, & ſur-tout par votre exemple, je
viendrai quelquefois, dans le ſein de cette
illuſtre Compagnie, ſoumettre mes Ecrits à vos
Jugemens; une critique ſage & raiſonnée épu-
rera mon goût, rectifiera mes idées, corrigera
les erreurs de l'amour-propre : tels ſeront
pour moi les avantages ineſtimables du lien
qui va m'unir à vous; & pour me ſervir des
propres expreſſions, qu'un Académicien de
la Capitale employoit en pareille circonſtance:
S'il ne m'eſt pas permis d'atteindre juſqu'à
votre gloire, j'aurai du moins le bonheur de
la contempler de plus près.

Ils ne ſont plus heureuſement, Meſſieurs, ces
ſiecles barbares où le Magiſtrat, auſtere par
ſyſtême plutôt que par devoir, rougiſſoit du
commerce des Muſes, & les croyoit indignes

de concourir avec l'exercice de ses augustes fonctions (1); qu'il seroit à plaindre s'il étoit obligé de s'y renfermer, & la gloire qui l'en-

---

(1) Il n'est que trop vrai qu'il fut un tems où l'on croyoit qu'un Magistrat ne pouvoit, sans manquer aux devoirs de son état, s'occuper des Belles-Lettres ; étrange opinion, qui ne permettoit pas même à l'homme, qui sacrifie tout au bonheur public, de se consoler avec les Muses, des ennuis de la chicanne. Quelques grands-Hommes ont cru devoir s'élever au-dessus de ce préjugé, d'Aguesseau, Montesquieu, M. le Président Bouhier ; & c'est en parlant de ce dernier, que M. de Voltaire a dit : Il faisoit ressouvenir la France de ces tems où les plus austeres Magistrats, consommés comme lui dans l'étude des Loix, se délassoient des fatigues de leur état dans les travaux de la Littérature : que ceux qui méprisent ces travaux aimables, que ceux qui mettent, je ne sais quelle misérable grandeur, à se renfermer dans le cercle étroit de leurs emplois sont à plaindre ! ignorent-ils que Ciceron, après avoir rempli la premiere place du monde, plaidoit encore les causes des Citoyens, écrivoit sur la nature des Dieux, conversoit avec des Philosophes, qu'il alloit au théâtre, qu'il daignoit cultiver l'amitié d'Esopus & de Roscius, & laissoit aux petits-Esprits leur constante gravité, qui n'est que le masque de la médiocrité. *Discours de réception de M. de Voltaire, à l'Académie Françoise, à la place de M. le Président Bouhier.*

vironne, suffiroit-elle pour le dédommager des peines & des ennuis qu'elle lui coûte? Depuis long-tems, Messieurs, vos temples s'ouvrent également à tous les ordres de Citoyens; le Courtisan, le Magistrat & le simple Philosophe s'y réunissent sans distinction pour y travailler d'un commun accord, au progrès des connoissances humaines, & les talens sont le lien restaurateur de l'égalité primitive.

L'amour de l'humanité a guidé mes premiers pas dans la carriere des Lettres; ce sentiment sera toujours le principal mobile de mes efforts; il remplit mon âme; il me donne des droits à votre indulgence, & c'est lui qui m'a guidé dans le choix du sujet important que je me suis proposé de traiter devant vous.

Aux disputes frivoles de l'antique scholastique, ont succédé ces grandes questions, dont la solution doit tourner à l'avantage de la Société. Les Académies nationales & étrangeres (1) ont proposé depuis quelque tems aux jeunes Littérateurs qui briguent leurs

---

(1) Padoue, Marseille, &c.

couronnes, d'indiquer quels sont les moyens les plus propres à faire naître & entretenir la passion du bien des hommes dans le cœur des jeunes gens qui doivent un jour être puissans par l'autorité ou par les richesses. Quelle vaste carriere ouverte aux talens & à la Philosophie! Je n'entreprendrai pas de la parcourir; je me bornerai à exposer quel pourroit être le Système d'Education d'un jeune Prince, & de quelle maniere il seroit possible de lui inspirer des sentimens de bienfaisance & d'humanité (1).

___

(1) Il est une vertu que la Religion enseigne aux Souverains, une vertu, capable de faire germer le bonheur de tous les points de la terre, capable d'embellir, aux yeux de chaque homme, la place dans laquelle la Providence l'a fait naître; une vertu qui suffit presqu'au défaut des talens, & qui seule peut les rendre estimables, qui dissipe les préjugés attachés à la naissance des Princes, & qui rend aussi plus faciles & plus legeres les obligations qui leur sont imposées, la Bienfaisance; & Dieu voulut que le plus doux des sentimens qu'il inspire au cœur humain fût la noble leçon des Rois & la source de leur véritable gloire. *Oraison funebre du Roi Stanislas, par M. de Boisgelin, Evêque de Lavaur.*

Deux Puissances partagent l'empire de l'Univers, l'autorité divine, principe de toutes les autres, au-dessus desquelles elle domine essentiellement, & l'autorité souveraine réunie entre les mains d'un seul homme ou divisée entre plusieurs.

La premiere n'a point d'origine, elle est éternelle, invariable, inaltérable.

La seconde est le résultat de la convention ou de la force, & est diversement qualifiée, suivant les sociétés qui lui sont soumises : ici, elle est monarchique ; là, démocratique ; ailleurs, aristocratique ; plus loin, elle est un composé de toutes les autres, ses nuances varient à l'infini.

De quelque nom qu'on l'appelle, il s'agit d'en tirer tous les avantages possibles en faveur de ceux qui y sont soumis, & d'inspirer l'amour de l'humanité à ceux qui en sont revêtus.

O qui pourroit méconnoître ta source divine, vertu sacrée ! qui pourroit dignement te peindre ! qu'est-ce en effet, Messieurs, que l'humanité ? C'est un sentiment toujours actif, toujours renaissant, toujours inépuisable, qui nous porte à secourir nos semblables, & à contribuer à leur bonheur. La Religion naturelle, quoique altérée par la superstition, avoit sur les Payens un tel empire, qu'elle mettoit au rang des plus saints devoirs, ceux que la seule humanité prescrit, violer les droits de l'hospitalité, repousser l'infortuné, qui n'avoit d'autres armes que sa misere & ses pleurs, c'étoit outrager les Dieux-mêmes (1).

L'humanité semble, au premier coup d'œil, être un besoin du cœur, plutôt qu'une vertu, peut-être en apportons-nous le germe en naissant ; mais que d'obstacles, ou l'étouffent dans son principe, ou s'opposent à ses développemens ! Que d'écueils sur-tout environnent celui que sa naissance destine à un trône !

_____

(1) Marc-Aurele rendoit graces aux Dieux d'avoir toujours fait du bien à ses amis, sans les avoir fait attendre : Je ne puis, disoit ce bon Prince, être touché d'un bonheur qui n'est que pour moi.

Saladin laissa par son testament une somme très considérable, dont il prescrivit la distribution égale entre tous les pauvres, Mahométans, Juifs ou Chrétiens ; voulant faire entendre que tous les hommes sont freres, & que pour les secourir, il ne faut pas s'informer de ce qu'ils croient, mais de ce qu'ils souffrent.

Une vertu supérieure à l'amour de la Patrie, c'est l'humanité. *Entretiens de Phocion*, par M. l'Abbé de Mably. P. 121.

Il respire à peine, & déjà la flatterie assiege son berceau, ses moindres caprices sont des ordres absolus; Citoyens, Magistrats, Ministres, Grands de l'Etat, Princes, tous indistinctement se prosternent devant lui; on diroit qu'il est d'une nature supérieure à la nôtre, qu'il est issu des Immortels, & qu'il en a tous les droits; au milieu du faste d'une opulence sans bornes, jamais le spectacle de la misere ne frappe ses yeux, on l'en écarte soigneusement, il souilleroit ses augustes regards, il ne soupçonne seulement pas qu'il existe des misérables. O vous dont la mémoire nous est encore si chere, vous dont le tendre souvenir passera sans être altéré, jusques chez nos derniers neveux, vous dont le nom ne sauroit être prononcé sans faire verser des larmes : ô Henri, l'amour des François ! est-ce ainsi que vous futes élevé (1) ? le luxe & la mollesse

_____

(1) Henri, né le 17 Décembre 1553, à Pau, en Béarn. Il fut élevé dans un Château, parmi les rochers & les montagnes; il étoit vêtu & nourri comme les autres enfans du pays; sa nourriture ordinaire étoit du pain bis, du fromage & du bœuf, souvent même on le faisoit marcher nuds pieds & nue-tête. Cette éducation mâle contribua sans doute à lui donner cette trempe

des Cours n'avoient point corrompu vos jeunes ans ; vous aviez connu l'infortune & les besoins : ah sans doute le Ciel avoit mis en vous des vertus ! mais sans vos malheurs, peut-être la France n'auroit eu en vous qu'un Monarque, & point un Pere.

Ne concluons pas cependant qu'il soit impossible qu'un Souverain aime ses peuples & les hommes sans avoir essuyé des épreuves aussi rigoureuses.

Il est des moyens plus doux pour lui inspirer des sentimens d'humanité, & lui apprendre que le droit de gouverner les hommes, n'est autre que celui de les rendre heureux.

De toutes les fonctions publiques ou particulieres, il n'en est point de plus importante, sans doute, que celle de former l'héritier d'un Empire ; il ne suffit pas de savoir s'opposer au progrès des vices dont il menace, de par-

---

d'ame vigoureuse & forte, qui en fit dans la suite un si grand homme : il seroit à souhaiter que nos mœurs nous permissent d'imiter de pareils exemples. La mollesse, vice ordinaire de notre éducation moderne, en affoiblissant les organes, détruit le principe des grandes choses, & fait, pour ainsi dire, mourir l'ame, avant qu'elle soit née. *Eloge de Sully*, par M. Thomas.

venir à les subjuguer, de développer, avec ses talens, les qualités, les vertus qu'il annonce ; il faut encore posséder l'art si rare de lui en créer de nouvelles, leur réunion doit être la base & la source de la félicité publique (1).

―――――――――

(1) Selon Confucius, qu'on peut, à juste titre, appeller le Socrate de la Chine, la vertu est la base des Empires, & la source d'où découle tout ce qui peut les rendre florissans : il rapporte une belle réponse d'un Ambassadeur du royaume de Xû, à qui l'on avoit demandé, si dans les Etats de son Maître, il y avoit de grandes richesses & beaucoup de pierres précieuses : il n'y a rien, répondit ce Ministre, qu'on estime précieux dans le royaume de Xû, que la vertu.

Ce grand Philosophe s'étend beaucoup sur les obligations des Souverains : Un Roi, dit-il, doit agir avec circonspection ; il doit avoir de la bonté pour son Peuple, aimer ses Sujets comme ses enfans, & faire ressentir les effets de son amour au plus petit comme au plus grand, & par cette conduite, il en sera le pere adoré ; s'il abandonne au contraire la pratique des vertus pour se plonger dans la fange des vices, il s'attirera bientôt la haine & le mépris de ses peuples : ah ! s'écrie Confucius, combien les Rois ont intérêt d'aimer la vertu, leur mouvement détermine celui des peuples ; semblable a celui d'un tourbillon impétueux qui entraîne avec lui tous les globes inférieurs, leurs défauts sont à leur Empire ce

On brigue dans les Cours cet emploi si honorable, & si difficile à remplir; l'ambitieux n'y voit qu'un moyen d'élever sa fortune; l'avare ne calcule que l'or dont on récompensera ses soins mercenaires, souvent la faveur décide du choix, tandis que la vertu devroit seule y conduire : hélas ! c'est dans les mains d'un Gouverneur, que reposent, & les destinées du Prince son Eleve, & celles des Peuples.

L'héritier d'un Trône est de tous les hommes celui dont l'éducation est plus susceptible, que toute autre, d'un plan régulier & uniforme; comme le but est déterminé, les moyens peuvent l'être, sauf toutefois les nuances qu'exigent la diversité des caracteres.

C'est donc à vous que j'ose m'adresser en ce moment, à vous que la faveur ou vos vertus doivent conduire aux fonctions si dangereuses & si éminentes d'Instituteur d'un jeune Prince.

Commencez d'abord par inspirer à votre auguste Eleve un respect profond pour la

---

que font à l'Univers les éclipses du Soleil; ils viennent à la connoissance de tout le monde, & leurs crimes sont toujours plus grands que ceux des autres hommes.

Religion ; si vous y réussissez, le reste vous sera facile ; il aura, pour vos conseils, cette docilité qui est le fruit de la douceur, il sera bon pour tous ceux que leurs services appellent auprès de lui ; il saura récompenser leurs soins & leur zele, il saura supporter avec patience & leurs fautes & les contradictions dont le rang suprême ne défend pas toujours, & c'est ainsi que vous le préparerez à l'exercice de plus grandes vertus.

Que l'étude des Dogmes sacrés & de la Morale divine soit accompagné d'un travail raisonné sur l'Histoire des nations. La vérité ne parvient jamais que difficilement aux Rois ; il faut donc, comme l'a dit un Ecrivain moderne, qu'ils aillent jusqu'à elle, & c'est dans l'Histoire qu'un jeune Prince trouvera les monumens élevés à la gloire des Titus, des Trajan, des Marc-Aurele, des Louis XII, des Henri. Il verra d'un autre côté Tibere, Néron, Caligula, Charles IX & Louis XI, voués à une exécration qui durera tant qu'il existera des hommes ; ne permettez pas qu'uniquement occupé des faits, il échappe aux réflexions que chacun d'eux peut fournir (1) : la lecture de

---

(1) La lecture réfléchie de quelques Histoires bien

l'Histoire seroit aussi frivole pour lui que celle d'un roman sans principes & sans morale. Cherchez avec lui par quelle raison (1) l'His-

―――――――――――

écrites, mêlées de réflexions judicieuses faites à propos sur les causes des événemens, & sur le caractere & la conduite des hommes, peut encore être regardée comme un moyen très-propre pour perfectionner les études; car l'étude de l'Histoire, quand elle est bien dirigée, est un des principaux moyens pour éclairer l'esprit, & perfectionner la raison, elle tient lieu d'une longue expérience, &c. *Recueil des Mémoires touchant l'Education de la Jeunesse. Neuvieme Mémoire. Paris*, 1763. Page 214.

(1) On ne sauroit croire l'utilité que l'on peut tirer de la lecture d'Ouvrages qui enseignent à faire de solides réflexions sur la conduite des hommes & sur les motifs qui les font agir; rien n'accoutume davantage l'esprit à examiner mûrement les choses, & à juger sainement de la qualité d'une action; il est mille fois plus avantageux, en lisant l'Histoire d'acquérir ce discernement, sans se charger d'une quantité innombrable d'événemens & de noms, & sans bien pénétrer la cause de chaque chose; on devroit accoutumer de bonne heure les enfans à lire l'Histoire suivant ce premier esprit; mais au lieu de cela, il semble qu'on aime mieux qu'ils retiennent une quantité de faits, cela fait plus d'honneur & de plaisirs à un pere, quand il veut montrer à sa parenté ou à ses amis, les progrès de ses enfans. *Bayle, Tome premier, page* 148.

toire prononce si différemment entre les Princes, & dites-lui qu'à l'exemple des anciens Egipitens (1), la postérité libre & impartiale

---

(1) Les Egyptiens avoient une forme de justice inconnue aux autres Peuples : aussi-tôt qu'un homme avoit rendu les derniers soupirs, son corps étoit traîné aux pieds d'un Tribunal, où sa mémoire subissoit l'examen le plus sévere. Si sa conduite avoit été contraire aux Loix, sa mémoire étoit flétrie, & on lui refusoit les honneurs de la sépulture, l'une des peines les plus graves de l'antiquité, puisqu'elle influoit sur le destin d'une autre vie ; mais s'il étoit prouvé, que toujours fidele à ses devoirs, le défunt avoit respecté les Dieux, les Loix de sa Patrie & ses Concitoyens, alors on lui faisoit de magnifiques obseques, & on prononçoit publiquement son éloge : c'étoit par un exemple aussi frappant, que les enfans étoient excités à la vertu ; ils redoutoient ce Tribunal, qui devoit un jour prononcer sur leur mémoire, comme il avoit fait sur celle de leurs peres, & la crainte ramenoit à la vertu, ceux que la foiblesse humaine pouvoit en écarter. Les Souverains eux-mêmes ne pouvoient se soustraire à cette censure, toute leur puissance s'évanouissoit au moment où ils étoient prêts de descendre dans la tombe, & le Prince, devenu l'égal de ses Sujets, étoit jugé comme le dernier d'entr'eux : son corps étoit exposé dans la place publique, chacun avoit pendant plusieurs jours, la liberté de venir l'accuser ou le défendre ; & après un certain délai, l'opinion générale se

juge sévérement des Tyrans dont elle n'a plus rien à redouter ; qu'elle couronne les Titus & flétrit les Nérons.

Accoutumez votre Eleve à cette sage économie également distante, & de l'avarice sordide & de la prodigalité insensée ; vous le préparerez ainsi à ne faire qu'un usage raisonné des richesses immenses dont il doit disposer un jour, il sçaura proportionner l'impôt aux

---

fixoit irrévocablement sur le Monarque ; s'il étoit jugé coupable, sa mémoire étoit condamnée, & son cadavre sans sépulture, étoit abandonné aux bêtes carnivores. Quel exemple pour son successeur ! Tomber ainsi du faîte des grandeurs dans l'abyme de l'ignominie, du Trône dans la fange ! Aussi Diodore de Sicile remarque-t-il que l'Egypte fut sagement gouvernée, tant que ce Tribunal rigoureux subsista.

Nous voyons encore à la Chine quelques vestiges de cet usage ; les Souverains y subissent un jugement sévere sur chacune de leurs actions publiques ou privées, il est vrai que ce jugement n'est connu qu'après l'extinction totale de la Dynastie ; les Mandarins conservent scrupuleusement ce dépôt formidable ; mais il suffit pour contenir dans les bornes de la justice, des Princes qui savent que leurs propres Sujets ont droit de censurer leur conduite, & de transmettre à la Postérité un monument inaltérable de leurs vertus ou de leurs crimes.

seuls besoins de l'Etat, & ses peuples n'auront point à lui reprocher des surcharges qu'on a vu quelquefois destinées à un faste inutile ou à des jouissances honteuses.

Rappellez-lui souvent l'exemple de Stanislas le Bienfaisant; ce héros malheureux appellé deux fois au Trône par les vœux de tout un Peuple, & qui réduit à une foible image de la Souveraineté, trouvoit dans les ressources de son économie, les moyens d'entretenir une Cour nombreuse, d'embellir des cités, d'ouvrir des asyles aux malheureux & de recompenser les talens.

Un Politique anonyme (1) qui, pour donner plus de poids à ses opinions, a cru devoir les publier au nom d'un Ministre respectable; a remarqué avec raison qu'un des vices les plus communs de l'Education des Princes provient de cet orgueil qu'on se plaît à leur inspirer dès l'âge le plus tendre. C'est ainsi qu'on en fait des Souverains inaccessibles, ou, comme l'a dit un ancien Ecrivain, des Souverains invisibles; mais si le Monarque ne daigne quelquefois se

---

(1) Le Chevalier de Mouy, Auteur du Testament Politique du Maréchal de Belisle.

rapprocher

rapprocher de ses sujets, & même communiquer familiérement avec eux, comment connoîtra-t-il tous leurs besoins & la situation de son Empire? Renfermé dans son Palais où il s'enyvrera de sa fausse grandeur, sans autre talent que celui de la représentation, il sera bientôt méprisé, ainsi que ces Despotes de l'Asie, qui sans inquiétude & sans remords, abandonnent leurs Peuples à la tyrannie de leurs Visirs.

Dites au jeune Prince, confié à vos soins, que le premier des Rois fut un Père adoré, & qu'un Père se montre à ses enfans; qu'il daigne quelquefois descendre jusqu'à eux, prendre part à leurs plaisirs, s'intéresser à leurs peines. Ils sont malheureusement trop éloignés de nos mœurs actuelles, ces temps où les Souverains assis à l'ombre d'un chêne antique (1), se fai-

___

(1) Saint-Louis écoutoit quelquefois lui-même les demandes & les plaintes de ses Sujets. On montroit encore dans le dernier siecle un chêne du parc de Vincennes, au pied duquel ce bon Prince venoit s'asseoir, & permettoit à tout le monde de s'approcher familierement: » maintes fois ai vu que le bon Saint, après qu'il » avoit ouï Messe en esté, il se alloit ébastre au bois de » Vincennes, & se seoit au pied d'un chêne, & nous

soient gloire, & peut-être un devoir, d'entendre eux-mêmes les plaintes & les gémissemens de l'opprimé ; les détails de la politique & de l'administration se sont multipliés, ne pouvant tout exécuter par eux-mêmes, ils ont été contraints de confier une portion de leur autorité, & de subdiviser à l'infini ce partage de leur puissance ; c'est donc à l'examen de ces pouvoirs subordonnés & de l'usage qui en est fait, qu'un Souverain doit s'attacher essentiellement ; & comment en sera-t-il instruit, s'il ne permet pas au malheureux, à l'homme persécuté, d'apporter quelques fois jusqu'au pied du Trône, sa réclamation contre l'injustice & l'oppression ?

Parmi les vertus héroïques ou civiles qui distinguèrent l'un de nos plus grands Monarques, on chercheroit vainement cette affabilité qui concilie l'amour des Peuples & les dispose à une obéissance aveugle ; Louis XIV illustra son règne par tous les genres de gloire, la victoire enchaînée sur ses pas, parut quarante ans

---

» faisoit asseoir tout emprès lui, & tous ceux qui avoient
» affaire à lui venoient à lui parler sans que aucun Huis-
» sier ne autre leur donnât empêchement ». *Histoire de Saint-Louis*, par le Sire de Joinville.

entiers ne connoître d'autres étendards que les nôtres ; Protecteur éclairé des arts, il sçut, pour ainsi dire, en créer de nouveaux ; les graces abondantes qu'il versa sur les Sçavans, firent éclore de tous côtés cette noble émulation qui produisit tant de chef-d'œuvres ; de toutes parts on vit s'élever de vastes édifices, qui, par leur noblesse & leur étendue, paroissoient plutôt destinés à l'habitation des Rois qu'à celle du pauvre & de l'orphelin ; nous admirons encore, quoique nos regards y soient accoutumés, ces respectables monumens de son humanité & de sa bienfaisance ; sous son règne enfin, les talens réunis du monde entier, sembloient n'avoir plus d'autre patrie que la France ; mais il dédaigna cette popularité, qui fait d'un Prince l'idole de ses Peuples, il crut toujours que la véritable grandeur d'un Souverain consistoit à ne se montrer à ses Sujets qu'environné de tout l'appareil imposant de la Puissance, & l'Histoire impartiale remarque qu'aucun malheureux n'eut la consolation de voir son Roi s'intéresser à ses peines, & que jamais il n'adressa la parole au citoyen indigent (1), que l'orgueil

---

(1) Ces hommes simples qui cultivent nos campagnes

des Cours avilit en le qualifiant d'homme du Peuple.

Quels que soient les sentimens d'humanité d'un Prince, on ne sçauroit y croire sans ces signes extérieurs qui se manifestent à la multitude ; le courtisan admis dans la familiarité du Monarque, peut exagérer sa douceur & sa bonté, mais tout est suspect dans sa bouche, & l'éloge le plus mérité semble n'être que l'effet d'un penchant naturel à la flatterie : vainement un Prince se signale par des établissemens qui ont pour objet le soulagement de l'humanité malheureuse ; les Peuples accoutumés à juger sévérement tous ceux qui leur

---

ne sont-ils pas les enfans du Monarque, comme les heureux habitans de la Capitale ? Ceux qui lui paient le tribut de leurs sueurs, ne méritent-ils pas les mêmes sentimens que des Sujets qui tirent de ces mêmes sueurs le tribut qu'ils versent à leur tour dans les trésors du Monarque ?

Henri connoissoit le prix de ces hommes grossiers ; il les portoit dans son cœur, comme il y portoit ses Sujets les plus illustres ; il connoissoit tous les dangers du luxe, il aimoit à se montrer avec le cortege le plus simple ; il paroissoit plutôt l'ami, que le Roi de ceux qui composoient sa Cour : le grand homme reposoit au fond de son ame. *Des causes du bonheur public*, par M. l'Abbé de Besplas P. 542,

commandent, n'y voient que des monumens de l'orgueil, & ne s'occupent même pas de ses heureux effets, lorsqu'ils sont dirigés vers l'utilité publique. Henri chez le Meûnier de Lieursaint, est plus cher à tout François que dans les plaines d'Ivry.

Il est donc utile d'inspirer à un jeune Prince des idées justes sur les droits de l'humanité, elles le conduiront naturellement à la bienfaisance; ce n'est pas dans le Palais des Rois qu'on peut en donner les leçons; à peine l'impression des saisons s'y fait-elle ressentir : comment y connoîtroit-on des sentimens, qui ne peuvent être que le fruit d'une comparaison profonde & réfléchie ? tout ce qui environne les Grands porte l'extérieur de l'opulence; mais combien doit être étonnant pour un jeune Prince, le passage rapide du spectacle d'une Cour brillante à celui d'une chaumière, dont l'enceinte fragile suffit à peine pour défendre des injures du temps ? Telle fut la leçon sublime, & jusqu'à lors sans exemple, qu'osa donner au Dauphin son Eleve, le véridique & vertueux Montausier : il l'arrache à la pompe des Fêtes & le transporte comme par l'effet du hasard au milieu d'une campagne, dont la parure ne devoit rien à l'art si multiplié dans les jardins de Versailles; une chaumière frappe les regards du jeune Prince, qui s'étonne que des hommes puissent habiter sous un toît agité par les vents, & prêt à ensevelir sous ses débris deux vieillards & leur famille; il ose néanmoins y pénétrer: *Voyez, Monseigneur*, dit le sage Gouverneur à son auguste Eleve, *c'est sous ce chaume, c'est dans cette misérable retraite, que logent le pere, la mere, les enfans qui travaillent sans cesse pour payer l'or dont vos Palais sont ornés, & qui meurent de faim pour subvenir aux frais de votre table.* Ah! Messieurs, n'ajoutons rien à cette leçon, digne de la plus haute Philosophie. Le Dauphin y répondit par des larmes, & les vôtres prouvent assez que les grands exemples sont infiniment supérieurs à la froide exposition des principes de la morale.

Attachez-vous donc essentiellement à étouffer cet orgueil (1) & cet égoïsme, que peuvent

―――――――――

(1) Cyrus ne fut point élevé dans le faste & la mollesse, on lui apprit qu'il étoit homme, avant de lui faire connoître qu'il étoit destiné à gouverner des hommes, & pour lui apprendre à commander, on lui enseigna d'abord à obéir; on s'appliqua surtout à graver dans son ame les principes de la justice, qui est la premiere vertu des Rois; il passa sa jeunesse dans les Ecoles publiques,

faire naître tout ce qui environne un jeune Prince ; qu'il ne sache jamais qu'il est destiné à être Souverain, que vous ne lui ayez dit auparavant qu'il est homme (1) ; ne permettez

───────────────

établies chez les Perses pour l'éducation des Citoyens. *Histoire de Cyrus, par Xenophon.*

(1) Philippe, Roi de Macédoine, avoit chargé un de ses Officiers de lui dire tous les matins : *Philippe, souviens-toi que tu es homme.* Quel plus grand exemple pouvoit-il laisser à son fils ! Heureux ses Peuples & l'Univers, s'il en eût été suivi, & si Alexandre n'eût pas sacrifié tant d'hommes à la cruelle ambition de devenir immortel. Un Souverain qui n'oubliera jamais qu'il est homme, ne se considérera que comme le chef d'une Société, dont tous les Membres sont égaux, dont il réunit tous les pouvoirs, & son bonheur sera essentiellement lié au leur.

A ce trait d'Histoire si connu, on en peut joindre un autre qui l'est peut-être moins, & qui ne sauroit être rendu trop public. Il honore la mémoire d'un Prince qui fut cher à la France, & qu'elle regretteroit encore, si ses vertus ne revivoient dans notre auguste Monarque. Lorsqu'on eut suppléé les cérémonies du Baptême aux trois Princes, ses Enfans, M. le Duc de Berry, aujourd'hui Le Roi Louis XVI, M. Le Comte de Provence, & Monsieur le Comte d'Artois, M. le Dauphin leur fit remarquer que leurs noms étoient inscrits sur les registres de l'Eglise avec ceux des autres enfans qui avoient été baptisés avant eux : « vous voyez,

pas non plus qu'on lui prodigue indifféremment ces titres de Grand, d'Auguste, mais apprenez-lui à les mériter, en lui montrant le chemin de la véritable gloire; éloignés de lui ces vils adulateurs, dont les respects importuns éveilleroient dans son cœur ces sentimens meurtriers que vous cherchez à en bannir; la flatterie est un poison moral qui énerve l'ame, en détruit tous les ressorts, anéantit toutes ses facultés, d'autant plus dangereux que tout invite à s'en nourrir! & qu'il n'est jamais offert que sous les apparences trompeuses de la reconnoissance, du respect & de l'attachement le plus légitime. Eh combien il est important d'en préserver l'enfance ! Admirateur enthousiaste de tous les caprices d'un jeune Prince, le flatteur s'en rend esclave & lui fournit tous les moyens de les satisfaire; heu-

---

» leur dit-il, que vos noms sont ici mêlés & confondus
» avec ceux du Peuple; cela doit vous apprendre que
» les distinctions, dont vous jouissez, ne viennent pas
» de la nature qui a fait tous les hommes égaux, il n'y
» a que la vertu qui met entr'eux une véritable diffé-
» rence, & peut-être l'enfant d'un pauvre, dont le
» nom précede le vôtre, sera-t-il plus grand aux
» yeux de Dieu que vous ne le serez jamais aux
» yeux des Peuples. »

reux encore si cet empressement n'a pour objet que des goûts frivoles ; heureux s'il se contente de louer en lui les avantages de la nature, son adresse dans les exercices du corps, ses talens pour les Sciences & les Arts : mais bien plus perfide, le flatteur applaudit à toutes ses erreurs, & sait leur prêter les couleurs de la sagesse & des vertus ; il écarte d'un jeune Prince la timide raison, la modeste verité, qui s'efforcent d'en approcher ; il lui rend odieux tous ceux qui voudroient lui en faire entendre le langage ; il appelle les passions à son secours, il les lui présente sous les formes les plus séduisantes ; rien n'est vil pour lui, s'il parvient à corrompre un cœur facile, qu'il est sûr de dominer, en lui prêtant la bassesse de son ministere, pour suivre le torrent des vices qu'il lui a communiqués (1).

―――――――――――――

(1) M. le Duc de Montausier n'a jamais voulu souffrir que le Dauphin lût les Epîtres dédicatoires des livres qu'on lui a présentés ; il lui a défendu cela plus sévérement que le Médecin les viandes les plus pernicieuses, étant persuadé qu'il n'est rien qui gâte davantage un jeune esprit que ces louanges prématurées dont les Auteurs sont si prodigues : on ajoute que ce sage Gouverneur, ayant une fois surpris son Disciple occupé à

Mais comment éclairer un jeune Prince sur tous les dangers qui le menacent ? qui le gui-

lire une Epître dédicatoire, ne jugea pas à propos de l'en retirer brusquement de peur que le *nitimur in vetitum* ne fît son effet, il trouva plus utile de rectifier la conjoncture; & voici comment il s'y prit : ah, Monsieur ! (lui dit-il), que lisez-vous là ? pouvez-vous prendre plaisir à de tels mensonges, ne voyez-vous pas bien qu'on se moque de vous ouvertement : on dit que vous savez toutes choses, que votre enfance a plus de lumieres que la vieillesse des plus habiles, & cent autres méchancetés : pouvez-vous nier que cela ne soit faux ; & en bonne conscience, oseriez-vous avouer que vous possédez toutes ces belles qualités ? Ayant tiré cet aveu de M. le Dauphin, que c'étoient toutes flatteries infiniment éloignées de la vérité, il conclut sa leçon par lui donner une espece de colere contre ces flatteurs qui avoient eu assez mauvaise opinion de son esprit, pour croire qu'il seroit la dupe de leurs faux panégyriques. Un Gouverneur, moins éclairé que M. de Montausier, auroit fait faire défense aux Auteurs de mentir dans leurs Epîtres dédicatoires ; mais pour lui, il n'a eu garde d'attaquer une maladie aussi invétérée & aussi générale que celle-là. Les Auteurs sont trop incorrigibles pour espérer de les mettre à la raison : d'ailleurs quelle apparence qu'ils se laissassent débusquer d'un bien dont ils sont en possession. Ils se battroient *tanquam pro aris & focis*, afin de s'y maintenir ; si bien que le plus court a été, pour M. de Montausier, de les laisser jouir

dera dans la longue route qu'il doit suivre au milieu des dangers qui l'environnent de toutes parts ? L'autorité qui vous est confiée, sage Mentor, doit avoir un terme ; ne craignez-vous pas que, livré à lui-même dans cet âge dangereux, où la nature semble multiplier ses efforts contre la raison, les attraits du plaisir & les séductions de la flatterie ne corrompent bien-tôt ce cœur que vous avez mis tous vos soins à former ? Rassurez-vous ; s'il est vertueux, il doit vous rester sur votre auguste Eleve un pouvoir supérieur à celui que vous allez quitter, il sera fondé sur l'estime & la reconnoissance : préparez-le donc à ce sentiment pour lequel nous sommes tous nés, à ce sentiment qui fait le bonheur de tous les hommes, au sein de la misere, au comble de l'opulence, dans l'état le plus humble, comme dans le rang le plus élevé ; à ce sentiment qui double toutes les jouissances, diminue toutes les peines ; rassemblez autour de lui tous ceux que vous jugerez dignes, par leurs vertus, d'être les véritables amis de la Patrie

---

de leur patrimoine, se réservant d'empêcher qu'ils n'en abusassent au préjudice de M. le Dauphin. *Bayle, Lettre 44 à M. Minutoli.*

& du Monarque. Dites-lui que l'amitié pure, noble, désintéressée, lui procurera les moyens de connoître la vérité qui fuira devant lui, & dont on s'efforcera de lui dérober les traces. La louange, suivant le Chancelier Bacon, est la réflexion de la vertu, mais ce miroir, si souvent infidele, & sur-tout dans les Cours, réfléchit-il également, & les erreurs & les abus de la puissance ? Dites à votre auguste Eleve que l'amitié n'est point indigne des Rois, que les plus grands Souverains en ont connu les douceurs ; qu'on a même vu quelques Tyrans s'y laisser entraîner ; tant il est vrai que la férocité du caractere n'étouffe jamais entiérement le cri du cœur & celui de la nature (1) !

Gardons-nous cependant de croire que l'amitié d'un Prince puisse se fonder, comme celle qui existe entre la plupart des hommes, sur les rapports de l'âge, des goûts, des caracteres : celui-la seul en sera digne, qui réunira à la pureté des mœurs un désintéressement à toute épreuve, une franchise sans bor-

---

(1) Sylla fut l'ami de Pompée ; l'ingrat Brutus fut celui de César ; Agrippa, Mécene ont été les amis d'Auguste ; Tibere même eut Séjan pour ami.

nes à un zele éclairé pour les véritables intérêts du Trône, l'amour de la Patrie à celui de l'humanité, l'étendue des connoiſſances à une intelligence facile : tel fut Sully (1), dont le nom ſeul ſuffit à ſon éloge, & le Ciel permit qu'il vécut au même tems que Henri, pour le bonheur de la France & la gloire de ſon Maître.

Quelle politique barbare oſa placer la diſſimulation au rang des vertus eſſentielles à un Souverain ! hâtons-nous de proſcrire des maximes auſſi contraires à l'honneur ! l'honneur ! ah s'il étoit banni d'entre les hommes, ce ſeroit

---

(1) C'étoit auprès de Sully que Henri IV alloit oublier ſes peines, c'étoit à lui qu'il confioit toutes ſes douleurs, les larmes d'un grand homme couloient dans le ſein d'un ami. La franchiſe guerriere & la douce familiarité aſſaiſonnoient tous leurs entretiens ; il n'y avoit plus de Sujet, il n'y avoit plus de Roi, l'amitié avoit fait diſparoître les rangs ; mais cette amitié ſi tendre étoit en même tems courageuſe & ſévere de la part de Sully. A travers les murmures flatteurs des Courtiſans, Sully faiſoit entendre la voix libre de la vérité ; il eſtimoit trop Henri IV, il s'eſtimoit trop lui-même, pour parler un autre langage ; tout ce qui eût avili l'un & corrompu l'autre, étoit indigne de tous deux. *Eloge de Sully*, par M. Thomas, p. 269.

dans le cœur des Rois qu'il devroit trouver un asyle (1) : il faut distinguer de la dissimulation cet art de taire des vérités qu'il importe de tenir longtems secretes, ces résolutions d'où dépendent la sûreté de l'Etat, la gloire du Trône, la tranquilité publique & la destinée de l'Empire ; une telle discrétion est le fruit de la prudence, & il est avantageux, sans doute, qu'un Prince y soit formé des ses plus jeunes ans ; mais la dissimulation est un vice réel, je dirois, presque un crime, d'autant plus grave, que les Peuples doivent avoir plus de confiance dans la parole de leurs Rois (2).

―――――――――――――――

(1) Cette sentence étoit familiere au Roi Jean; aussi Pétrarque, son contemporain, l'appelle-t-il, le plus grand des Rois. Étant un jour sollicité de violer un traité, il répondit : Si la bonne-foi étoit périe par toute la terre, elle devroit se retrouver dans le cœur & la bouche des Rois.

(2) C'est le Roi qui, dans un Etat, est la source de toute noblesse ; c'est lui seul qui la donne & c'est à lui à la rétablir, s'y elle vient à périr; comment donc pourroit-il se résoudre à se deshonorer par le plus honteux de tous les reproches qui est celui du mensonge, & plus encore de la perfidie? Et comment se chargeroit-t-il d'une ignominie qu'aucun homme de cœur ne voudroit s'attirer, & dont il prendroit le

C'est avec raison, sans doute, qu'au nombre des horreurs qui souillerent Néron, Caligula & Domitien, l'Histoire a mis la dissimulation, que ces Tyrans osoient ériger en vertu. Despotes farouches, déchirés sans cesse par les remords, tourmentés par la crainte de rencontrer autant de vengeurs de leur oppression, que de Citoyens & de Sujets, ils crurent la dissimulation nécessaire à leur conservation; elle prépara tous leurs forfaits & leur servit de voile (1).

Telle fut encore la politique de cet autre Prince qui eût pu se montrer véritablement

___

soupçon seul pour un affront ? La noblesse & la vérité vont ensemble ; il faut que le Prince soit autant au-dessus des Grands, par la sincérité, qu'il l'est par sa Couronne ; c'est à lui à mettre entre ses Sujets une noble émulation pour la vérité & la candeur ; comme c'est à lui à faire naître entr'eux une noble ardeur pour la gloire, il en doit bannir également la lâcheté contraire à la bonne-foi, & la lâcheté contraire au courage. *Institution d'un Prince*, p. 101. Edition in-4°.

(1) *Nullam æquè Tiberius ut relatur ex virtutibus suis quam dissimulationem diligebat.* Tacit. Annal. Lib. 4 p. 139. *Adjecit (Nero) complexum & oscula factus naturâ, & consuetudine exercitus, velare odium fallacibus blanditiis.* Tacit. Annal. Lib. 14. p. 259.

grand, s'il avoit voulu l'être, de cet ennemi irréconciliable de François Premier, de Charles-Quint, qui, à la honte de la Majesté Royale, se faisoit gloire d'avoir trompé son Emule, chaque fois qu'il avoit traité avec lui, & qui se montroit en toutes les occasions aussi faux & aussi dissimulé, que François s'honoroit d'être franc & loyal (1). Puissent les Annales du Monde n'avoir jamais à reprocher de tels crimes à la mémoire des Rois!

---

(1) On sait avec quelle grossiere & scandaleuse liberté Charles-Quint se vantoit d'avoir abusé de la confiance de François Premier. On rapportoit un jour à Charles-Quint, que François se plaignoit de ce qu'il l'avoit trompé dans une circonstance : Il en a menti le chien d'ivrogne, repartit l'Empereur, je l'ai trompé plus de dix fois : quel langage pour un Souverain !

La foi des Princes, disoit au contraire le magnanime François Premier, doit être toujours sainte, & présupposé même que la corruption fût si générale & si étendue, qu'il n'y eût point de loyauté parmi les Particuliers, encore devroit-elle demeurer inviolable parmi les Princes, ils n'ont que cette seule bride avec laquelle leurs passions portées d'impétuosité par ce large espace que la Souveraineté leur ouvre, puissent être retenues dans les bornes de la justice. *De l'Art de régner, troisieme Partie, p. 358.*

Que l'extérieur d'un Prince annonce donc quels sont ses véritables sentimens : qu'il soit fidele à sa parole, ainsi qu'à ses traités ; qu'il accueille avec bonté l'homme dont il veut récompenser les services, & que ses regards impriment d'avance au coupable tout l'effroi que doit lui causer une juste vengeance : l'intérêt de l'Etat peut exiger quelquefois des précautions, des délais, des ménagemens ; mais un Monarque doit-il jamais s'abaisser à la feinte, & dissimuler jusqu'au point de caresser le traître qu'il est au moment de punir ? Lorsque Henri voulut prévenir les coupables desseins du Maréchal de Biron, quand il crut devoir sacrifier, au repos de ses Peuples, un ingrat qu'il avoit comblé de bienfaits, on ne le vit point redoubler pour lui cette affabilité qu'il témoignoit à tout le monde ; il ne choisit pas, pour s'assurer de sa personne, les instants d'une fête brillante, dont tous les plaisirs fussent capables d'écarter l'idée d'un ordre aussi rigoureux, il lui ordonna de-venir rendre compte de sa conduite, il lui reprocha son ingratitude, il lui offrit son pardon, comme une grace qu'il étoit prêt d'accorder à son repentir, & à l'aveu de sa perfidie, & la seule persévérance du Coupable, détermina

C

ce bon Prince à une sévérité qui importoit au salut de l'Etat.

Parmi les devoirs des Rois dont j'ose esquisser le tableau, pourrois-je oublier celui d'assurer leur gloire par des négociations honorables, plutôt que par des conquêtes. C'est dans l'enfance que se développe communément cette ardeur d'une célébrité meurtriere, & c'est dans son principe qu'il faut l'étouffer: Charles XII, qu'on a surnommé le Héros du Nord & qui en fut le fléau, avoit à peine dix ans (1) lorsqu'il annonça ce despo-

---

(1) A peine Charles XII eut-il quelque connnoissance de la langue latine, qu'on lui fit traduire Quinte-Curce; il prit pour ce livre un goût, que le sujet lui inspiroit beaucoup plus encore que le style. Celui qui lui expliquoit cet Auteur, lui ayant demandé ce qu'il pensoit d'Alexandre : Je pense, répondit ce Prince, que je voudrois lui ressembler. Mais, lui dit-on, il n'a vécu que trente-deux ans: Ah! reprit-il, n'est-ce pas assez, quand on a conquis des Royaumes? On ne manqua pas de rapporter ces paroles au Roi son pere, qui s'écria: Voilà un enfant qui vaudra mieux que moi, & qui ira plus loin que le Grand Gustave! Un jour il s'amusoit dans l'appartement du Roi à regarder deux cartes géographiques, l'une d'une ville de Hongrie, prise par les Turcs sur l'Empereur, & l'autre de Riga, Capitale de la

tisme orgueilleux, qui prétendoit anéantir toutes les Puissances pour élever son Trône sur leurs débris. Eloignez donc d'un jeune Prince toutes ces Annales funestes, qui ne représentent les Souverains que le glaive à la

---

Livonie, province conquise par les Suédois depuis un siecle ; au bas de la carte de la ville Hongroise, il y avoit ces mots, tirés du livre de Job : Dieu me l'a donnée, Dieu me l'a ôtée. Le jeune Prince, ayant lu ces mots, prit sur le champ un crayon, & écrivit au bas de la carte de Riga : *Dieu me l'a donnée, le Diable ne me l'ôtera pas.* Ainsi dans les actions les plus indifférentes de son enfance, ce naturel laissoit souvent échapper des traits qui marquoient ce qu'il devoit être un jour.

Ces deux anecdotes de la vie de Charles XII prouvent l'importance d'étouffer, dès leur principe, ces germes d'orgueil & ce désir de se signaler par des conquêtes ; certainement, ce n'étoit pas de la lecture de Quinte-Curce qu'il falloit nourrir une imagination aussi bouillante que celle du Roi de Suede ; & son pere eût donné à l'Univers un grand exemple, si, au lieu d'applaudir à ce désir prématuré d'imiter Alexandre, il eût dit à son fils que ce Monarque fut le fléau du monde, qu'il ne fut grand que par ses ravages, & qu'autrefois si craint & si haï, il est aujourd'hui en horreur à l'Univers. Mais il faut, en prononçant sur la conduite de Charles XI, Pere de Charles XII, nous reporter au dernier siecle, & les habitans du Nord étoient alors les sauvages de l'Europe.

main, montrez-lui, pour lui en inspirer l'horreur, les champs les plus fertiles, abandonnés de leurs cultivateurs, les moissons écrasées, l'habitant des campagnes fuyant au loin sa chaumiere dévorée par les flammes; essayez de lui faire entendre les cris du désespoir, ceux des vaincus qui se confondent avec ceux des vainqueurs, les gémissemens du peuple accablé d'impôts, & privé des alimens les plus nécessaires à la vie, pour subvenir aux frais d'une guerre, dont il ignore les motifs, & dont il ne retirera jamais les plus legers avantages ; montrez-lui les meres, les épouses, les enfans éplorés, accusant & la Patrie & son Chef de leurs pertes communes, dont tous les succès de l'Etat ne pourront les dédommager (1);

―――――――――――

(1) Il seroit à souhaiter pour le bonheur des Peuples que tous les Princes, qui font la guerre, commandassent eux-mêmes leurs Armées; obligés eux-mêmes de combattre, de vaincre, ils apprendroient à se mesurer avec la nature, la fortune & les hommes. Du Sérail de Constantinople ou d'Ispahan, un Sultan voluptueux ou féroce ordonne le carnage, il fait signe qu'on aille s'égorger sur les frontieres de l'Europe ou de l'Asie : à ce signe trois cent mille hommes marchent, les villes, les campagnes sont ravagées, les villages sont réduits en cen-

que laisse d'ailleurs après elle cette soif homicide d'un pareil genre de gloire, sinon des remords, au moins des repentirs; c'est vous que j'ose en attester, Manes respectables d'un de nos plus grands Rois : voyez-le, Messieurs, cet auguste Monarque qui avoit donné des Loix & des Souverains à l'Europe : voyez-le dans ce moment terrible où s'éclipse tout l'appareil de la puissance, où l'homme prêt à paroître devant son Juge suprême, promene avec inquiétude ses regards sur tout ce qui l'environne, descend dans son cœur, s'interroge & s'effraie d'un avenir inconnu : voyez

―――――

dres, le meurtre succede au meurtre, & les embrasemens aux embrasemens ; cependant le Sultan oisif dort dans son Sérail, le sang coule; des Provinces sont désolées pour un siecle, & le Sultan dort ; quand on a vaincu pour lui, on traverse avec rapidité des Provinces, pour lui apporter des drapeaux enlevés aux ennemis. Il se réveille, il jette un œil stupide & calme sur ces drapeaux, teints du sang de vingt mille Janissaires ou Saphis; il demande le nombre des meurtres, ordonne que l'on continue & se rendort. Bien loin de cette mollesse Asiatique, presque tous les Monarques Français, depuis trois siecles, se sont toujours montrés à la tête de leurs Armées. *Eloge de Maurice, Comte de Saxe.* Par M. Thomas.

Louis XIV, prêt d'exhaler les foibles restes de la vie ; je le vois, il écarte d'une main tremblante les crêpes de la mort qui s'étendent sur lui, il fait un effort pour serrer dans ses bras le jeune héritier de son trône, & pour derniere leçon, je l'entends lui dire : *O, mon fils ! j'ai trop aimé la guerre, on m'a trompé sur le genre de la véritable gloire, chérissez la paix suivez les bons conseils, & tachez de soulager votre Peuple, ce que je suis assez malheureux pour n'avoir pu faire.*

Heureuse France tu vas bientôt goûter les douceurs de la paix, préparée par la valeur de tes Guerriers, & la prudence de ton Roi saura la rendre durable ; je vois déjà refleurir à l'ombre de l'olivier, les Loix, l'Agriculture, le Commerce, les Lettres, & les Arts : je vois déjà ces citadelles flottantes dont les flancs hérissés vomissoient au loin le tonnerre & la mort, réservées désormais à réunir les deux mondes, voguer librement sur une mer devenue plus paisible, s'avancer dans nos ports, y verser les richesses de l'Inde, pour y transporter ensuite tous les fruits de notre industrie ; le cultivateur ne craignant plus d'être arraché aux champs qui l'ont vu naître, pourra les fertiliser avec plus de succès, de tous côtés la terre se montre plus riante, j'y vois renaître l'abondance, elle se couvre d'une race nouvelle, qui pour premier signe de son existence, bégaye avec ses Auteurs, les louanges de son Roi, & les chants de la félicité publique.

Vous partagerez la reconnoissance des Peuples, sage Ministre (1) d'un Prince ami de la paix ; vous, formé dès long-temps au grand art des négociations ; vous, déja recommandable par deux ambassades importantes ; vous qui, toujours vertueux & calme au milieu des brigues & des factions, n'avez jamais obéi qu'aux loix de l'honneur; vous enfin, qui dans les circonstances les plus difficiles, n'avez consulté que l'intérêt de l'Etat & la gloire de votre Maître. Heureuse ma voix, d'être en ce moment, le premier interprête des sentimens dont sont remplis tous les cœurs ! La France consignera dans ses fastes, cette époque à jamais mémorable ; & nos derniers neveux apprendront, par les monumens de l'Histoire, l'heureuse conclusion d'une guerre, qui ne fut entreprise que pour l'intérêt commun des Peuples de l'Europe; ils apprendront que la France vous doit le rétablisse-

―――――――――

(1) M. le Comte de Vergennes.

ment de son commerce, l'abaissement de sa fiere rivale, & jusqu'à *l'anéantissement* de ce titre orgueilleux de Mer Britannique, qui sembloit lui en assurer l'Empire; & jouissant encore de vos bienfaits: ils s'écrieront, avec le Chantre de Mantoue:

O Melibæ ! Deus nobis hæc otia fecit.

Je m'arrête, Messieurs, & je sens qu'il faut d'autres talens que les miens pour des objets aussi élevés. Pigmalion, après avoir arraché, d'un marbre grossier, cette divine Galathée embellie encore par l'imagination d'un de nos plus célèbres Ecrivains, s'étonna de ses succès, & s'en plaignit aux Dieux; & par un sort absolument contraire, sans doute, Messieurs, vous prévenez le reproche que je me fais à moi-même d'avoir répondu d'une maniere aussi foible à l'étendue de mon sujet; c'est à moi qu'il conviendroit de briser tous les instrumens du génie, j'aurois dû les respecter, vos mains seules en sont dignes. Qu'il me soit cependant permis, en finissant d'être l'organe des vœux de la Patrie, de m'adresser au futur Instituteur de notre jeune Prince, & de lui dire: O vous! à qui la sagesse de notre Monarque va bientôt confier ce dépôt si cher à la France, ce rejetton de tant de Rois, cet Enfant destiné à gouverner le plus brillant Empire de l'Europe, ne vous bornez pas à écarter de votre Elevé tout ce qui pourroit corrompre les heureuses dispositions de son cœur ; faites-lui chérir encore toutes les vertus dont il y trouvera le germe ; elles ajouteront à l'éclat de sa Courone : qu'il soit religieux sans intolérance, humain sans foiblesse, bienfaisant sans orgueil, pacifique sans indolence, généreux sans prodigalité, affable sans familiarité, juste sans dureté ; qu'il aime la vérité, qu'il la cherche, qu'il aille au-devant d'elle, qu'il accueille sans distinction de rang & de fortune tous ceux qui la lui présenteront ; dites-lui que l'amour du Peuple est la récompense la plus douce à laquelle un Monarque puisse prétendre, que cet amour assurera sa gloire & celle de son Empire, qu'il a fait le bonheur de tous les bons Princes, que leur vie a été exempte de trouble & d'inquiétude, leur vieillesse de remords, que les regrets des Peuples les ont suivis jusqu'au-delà du tombeau, & qu'en France, surtout au milieu de ce peuple, qu'on accuse d'être si frivole & si léger, il n'est pas un Sujet, qui ne soit prêt à verser son sang pour défendre celui de son Roi

F I N.

www.ingramcontent.com/pod-product-compliance
Lightning Source LLC
Chambersburg PA
CBHW060943050426
42453CB00009B/1118